"A good plan
violently executed now
is better than a perfect plan
executed next week."

George S. Patton

Name	Mobile	Home Phone	Email

Name	Mobile	Home Phone	Email

Name	Mobile	Home Phone	Email

Name	Mobile	Home Phone	Email

Name	Mobile	Home Phone	Email

Time		(M)(TU)(W)(TH)(F)(S)(SU) Date :	(M)(TU)(W)(TH)(F)(S)(SU) Date :	(M)(TU)(W)(TH)(F)(S)(SU) Date :	(M)(TU)(W)(TH)(F)(S)(SU) Date : ....
7 am	00				
	15				
	30				
	45				
8 am	00				
	15				
	30				
	45				
9 am	00				
	15				
	30				
	45				
10 am	00				
	15				
	30				
	45				
11 am	00				
	15				
	30				
	45				
12 pm	00				
	15				
	30				
	45				
1 pm	00				
	15				
	30				
	45				
2 pm	00				
	15				
	30				
	45				
3 pm	00				
	15				
	30				
	45				
4 pm	00				
	15				
	30				
	45				
5 pm	00				
	15				
	30				
	45				
6 pm	00				
	15				
	30				
	45				
7 pm	00				
	15				
	30				
	45				
8 pm	00				
	15				
	30				
	45				

Time		M TU W TH F S SU Date :	M TU W TH F S SU Date :	M TU W TH F S SU Date :	M TU W TH F S SU Date : ....
7 am	00				
	15				
	30				
	45				
8 am	00				
	15				
	30				
	45				
9 am	00				
	15				
	30				
	45				
10 am	00				
	15				
	30				
	45				
11 am	00				
	15				
	30				
	45				
12 pm	00				
	15				
	30				
	45				
1 pm	00				
	15				
	30				
	45				
2 pm	00				
	15				
	30				
	45				
3 pm	00				
	15				
	30				
	45				
4 pm	00				
	15				
	30				
	45				
5 pm	00				
	15				
	30				
	45				
6 pm	00				
	15				
	30				
	45				
7 pm	00				
	15				
	30				
	45				
8 pm	00				
	15				
	30				
	45				

Time		M TU W TH F S SU Date :	M TU W TH F S SU Date :	M TU W TH F S SU Date :	M TU W TH F S SU Date : ....
7 am	00				
	15				
	30				
	45				
8 am	00				
	15				
	30				
	45				
9 am	00				
	15				
	30				
	45				
10 am	00				
	15				
	30				
	45				
11 am	00				
	15				
	30				
	45				
12 pm	00				
	15				
	30				
	45				
1 pm	00				
	15				
	30				
	45				
2 pm	00				
	15				
	30				
	45				
3 pm	00				
	15				
	30				
	45				
4 pm	00				
	15				
	30				
	45				
5 pm	00				
	15				
	30				
	45				
6 pm	00				
	15				
	30				
	45				
7 pm	00				
	15				
	30				
	45				
8 pm	00				
	15				
	30				
	45				

Time		M TU W TH F S SU Date :	M TU W TH F S SU Date :	M TU W TH F S SU Date :	M TU W TH F S SU Date : ....
7 am	00				
	15				
	30				
	45				
8 am	00				
	15				
	30				
	45				
9 am	00				
	15				
	30				
	45				
10 am	00				
	15				
	30				
	45				
11 am	00				
	15				
	30				
	45				
12 pm	00				
	15				
	30				
	45				
1 pm	00				
	15				
	30				
	45				
2 pm	00				
	15				
	30				
	45				
3 pm	00				
	15				
	30				
	45				
4 pm	00				
	15				
	30				
	45				
5 pm	00				
	15				
	30				
	45				
6 pm	00				
	15				
	30				
	45				
7 pm	00				
	15				
	30				
	45				
8 pm	00				
	15				
	30				
	45				

Time	(M)(TU)(W)(TH)(F)(S)(SU) Date :	(M)(TU)(W)(TH)(F)(S)(SU) Date :	(M)(TU)(W)(TH)(F)(S)(SU) Date :	(M)(TU)(W)(TH)(F)(S)(SU) Date : ....
7 am 00 15 30 45				
8 am 00 15 30 45				
9 am 00 15 30 45				
10 am 00 15 30 45				
11 am 00 15 30 45				
12 pm 00 15 30 45				
1 pm 00 15 30 45				
2 pm 00 15 30 45				
3 pm 00 15 30 45				
4 pm 00 15 30 45				
5 pm 00 15 30 45				
6 pm 00 15 30 45				
7 pm 00 15 30 45				
8 pm 00 15 30 45				

Time		M TU W TH F S SU Date :	M TU W TH F S SU Date :	M TU W TH F S SU Date :	M TU W TH F S SU Date : ....
7 am	00				
	15				
	30				
	45				
8 am	00				
	15				
	30				
	45				
9 am	00				
	15				
	30				
	45				
10 am	00				
	15				
	30				
	45				
11 am	00				
	15				
	30				
	45				
12 pm	00				
	15				
	30				
	45				
1 pm	00				
	15				
	30				
	45				
2 pm	00				
	15				
	30				
	45				
3 pm	00				
	15				
	30				
	45				
4 pm	00				
	15				
	30				
	45				
5 pm	00				
	15				
	30				
	45				
6 pm	00				
	15				
	30				
	45				
7 pm	00				
	15				
	30				
	45				
8 pm	00				
	15				
	30				
	45				

Time		M TU W TH F S SU Date :	M TU W TH F S SU Date :	M TU W TH F S SU Date :	M TU W TH F S SU Date : ....
7 am	00				
	15				
	30				
	45				
8 am	00				
	15				
	30				
	45				
9 am	00				
	15				
	30				
	45				
10 am	00				
	15				
	30				
	45				
11 am	00				
	15				
	30				
	45				
12 pm	00				
	15				
	30				
	45				
1 pm	00				
	15				
	30				
	45				
2 pm	00				
	15				
	30				
	45				
3 pm	00				
	15				
	30				
	45				
4 pm	00				
	15				
	30				
	45				
5 pm	00				
	15				
	30				
	45				
6 pm	00				
	15				
	30				
	45				
7 pm	00				
	15				
	30				
	45				
8 pm	00				
	15				
	30				
	45				

Time		M TU W TH F S SU Date :	M TU W TH F S SU Date :	M TU W TH F S SU Date :	M TU W TH F S SU Date : ....
7 am	00				
	15				
	30				
	45				
8 am	00				
	15				
	30				
	45				
9 am	00				
	15				
	30				
	45				
10 am	00				
	15				
	30				
	45				
11 am	00				
	15				
	30				
	45				
12 pm	00				
	15				
	30				
	45				
1 pm	00				
	15				
	30				
	45				
2 pm	00				
	15				
	30				
	45				
3 pm	00				
	15				
	30				
	45				
4 pm	00				
	15				
	30				
	45				
5 pm	00				
	15				
	30				
	45				
6 pm	00				
	15				
	30				
	45				
7 pm	00				
	15				
	30				
	45				
8 pm	00				
	15				
	30				
	45				

Time	M TU W TH F S SU Date :	M TU W TH F S SU Date :	M TU W TH F S SU Date :	M TU W TH F S SU Date : ....
7 am 00 15 30 45				
8 am 00 15 30 45				
9 am 00 15 30 45				
10 am 00 15 30 45				
11 am 00 15 30 45				
12 pm 00 15 30 45				
1 pm 00 15 30 45				
2 pm 00 15 30 45				
3 pm 00 15 30 45				
4 pm 00 15 30 45				
5 pm 00 15 30 45				
6 pm 00 15 30 45				
7 pm 00 15 30 45				
8 pm 00 15 30 45				

Time		(M) (TU) (W) (TH) (F) (S) (SU) Date :	(M) (TU) (W) (TH) (F) (S) (SU) Date :	(M) (TU) (W) (TH) (F) (S) (SU) Date :	(M) (TU) (W) (TH) (F) (S) (SU) Date : ....
7 am	00				
	15				
	30				
	45				
8 am	00				
	15				
	30				
	45				
9 am	00				
	15				
	30				
	45				
10 am	00				
	15				
	30				
	45				
11 am	00				
	15				
	30				
	45				
12 pm	00				
	15				
	30				
	45				
1 pm	00				
	15				
	30				
	45				
2 pm	00				
	15				
	30				
	45				
3 pm	00				
	15				
	30				
	45				
4 pm	00				
	15				
	30				
	45				
5 pm	00				
	15				
	30				
	45				
6 pm	00				
	15				
	30				
	45				
7 pm	00				
	15				
	30				
	45				
8 pm	00				
	15				
	30				
	45				

Time		M TU W TH F S SU Date :	M TU W TH F S SU Date :	M TU W TH F S SU Date :	M TU W TH F S SU Date : ....
7 am	00				
	15				
	30				
	45				
8 am	00				
	15				
	30				
	45				
9 am	00				
	15				
	30				
	45				
10 am	00				
	15				
	30				
	45				
11 am	00				
	15				
	30				
	45				
12 pm	00				
	15				
	30				
	45				
1 pm	00				
	15				
	30				
	45				
2 pm	00				
	15				
	30				
	45				
3 pm	00				
	15				
	30				
	45				
4 pm	00				
	15				
	30				
	45				
5 pm	00				
	15				
	30				
	45				
6 pm	00				
	15				
	30				
	45				
7 pm	00				
	15				
	30				
	45				
8 pm	00				
	15				
	30				
	45				

Time		M TU W TH F S SU Date :	M TU W TH F S SU Date :	M TU W TH F S SU Date :	M TU W TH F S SU Date : ....
7 am	00				
	15				
	30				
	45				
8 am	00				
	15				
	30				
	45				
9 am	00				
	15				
	30				
	45				
10 am	00				
	15				
	30				
	45				
11 am	00				
	15				
	30				
	45				
12 pm	00				
	15				
	30				
	45				
1 pm	00				
	15				
	30				
	45				
2 pm	00				
	15				
	30				
	45				
3 pm	00				
	15				
	30				
	45				
4 pm	00				
	15				
	30				
	45				
5 pm	00				
	15				
	30				
	45				
6 pm	00				
	15				
	30				
	45				
7 pm	00				
	15				
	30				
	45				
8 pm	00				
	15				
	30				
	45				

Time		(M) (TU) (W) (TH) (F) (S) (SU) Date :	(M) (TU) (W) (TH) (F) (S) (SU) Date :	(M) (TU) (W) (TH) (F) (S) (SU) Date :	(M) (TU) (W) (TH) (F) (S) (SU) Date : ....
7 am	00				
	15				
	30				
	45				
8 am	00				
	15				
	30				
	45				
9 am	00				
	15				
	30				
	45				
10 am	00				
	15				
	30				
	45				
11 am	00				
	15				
	30				
	45				
12 pm	00				
	15				
	30				
	45				
1 pm	00				
	15				
	30				
	45				
2 pm	00				
	15				
	30				
	45				
3 pm	00				
	15				
	30				
	45				
4 pm	00				
	15				
	30				
	45				
5 pm	00				
	15				
	30				
	45				
6 pm	00				
	15				
	30				
	45				
7 pm	00				
	15				
	30				
	45				
8 pm	00				
	15				
	30				
	45				

Time		Ⓜ ⓉⓊ Ⓦ ⓉⒽ Ⓕ Ⓢ ⓈⓊ Date :	Ⓜ ⓉⓊ Ⓦ ⓉⒽ Ⓕ Ⓢ ⓈⓊ Date :	Ⓜ ⓉⓊ Ⓦ ⓉⒽ Ⓕ Ⓢ ⓈⓊ Date :	Ⓜ ⓉⓊ Ⓦ ⓉⒽ Ⓕ Ⓢ ⓈⓊ Date : ....
7 am	00				
	15				
	30				
	45				
8 am	00				
	15				
	30				
	45				
9 am	00				
	15				
	30				
	45				
10 am	00				
	15				
	30				
	45				
11 am	00				
	15				
	30				
	45				
12 pm	00				
	15				
	30				
	45				
1 pm	00				
	15				
	30				
	45				
2 pm	00				
	15				
	30				
	45				
3 pm	00				
	15				
	30				
	45				
4 pm	00				
	15				
	30				
	45				
5 pm	00				
	15				
	30				
	45				
6 pm	00				
	15				
	30				
	45				
7 pm	00				
	15				
	30				
	45				
8 pm	00				
	15				
	30				
	45				

Time		(M)(TU)(W)(TH)(F)(S)(SU) Date :	(M)(TU)(W)(TH)(F)(S)(SU) Date :	(M)(TU)(W)(TH)(F)(S)(SU) Date :	(M)(TU)(W)(TH)(F)(S)(SU) Date : ....
7 am	00				
	15				
	30				
	45				
8 am	00				
	15				
	30				
	45				
9 am	00				
	15				
	30				
	45				
10 am	00				
	15				
	30				
	45				
11 am	00				
	15				
	30				
	45				
12 pm	00				
	15				
	30				
	45				
1 pm	00				
	15				
	30				
	45				
2 pm	00				
	15				
	30				
	45				
3 pm	00				
	15				
	30				
	45				
4 pm	00				
	15				
	30				
	45				
5 pm	00				
	15				
	30				
	45				
6 pm	00				
	15				
	30				
	45				
7 pm	00				
	15				
	30				
	45				
8 pm	00				
	15				
	30				
	45				

Time		(M) (TU) (W) (TH) (F) (S) (SU) Date :	(M) (TU) (W) (TH) (F) (S) (SU) Date :	(M) (TU) (W) (TH) (F) (S) (SU) Date :	(M) (TU) (W) (TH) (F) (S) (SU) Date : ....
7 am	00				
	15				
	30				
	45				
8 am	00				
	15				
	30				
	45				
9 am	00				
	15				
	30				
	45				
10 am	00				
	15				
	30				
	45				
11 am	00				
	15				
	30				
	45				
12 pm	00				
	15				
	30				
	45				
1 pm	00				
	15				
	30				
	45				
2 pm	00				
	15				
	30				
	45				
3 pm	00				
	15				
	30				
	45				
4 pm	00				
	15				
	30				
	45				
5 pm	00				
	15				
	30				
	45				
6 pm	00				
	15				
	30				
	45				
7 pm	00				
	15				
	30				
	45				
8 pm	00				
	15				
	30				
	45				

Time		ⓂⓉⓊⓌⓉⒽⒻⓈⓈⓊ Date :	ⓂⓉⓊⓌⓉⒽⒻⓈⓈⓊ Date :	ⓂⓉⓊⓌⓉⒽⒻⓈⓈⓊ Date :	ⓂⓉⓊⓌⓉⒽⒻⓈⓈⓊ Date : ....
7 am	00				
	15				
	30				
	45				
8 am	00				
	15				
	30				
	45				
9 am	00				
	15				
	30				
	45				
10 am	00				
	15				
	30				
	45				
11 am	00				
	15				
	30				
	45				
12 pm	00				
	15				
	30				
	45				
1 pm	00				
	15				
	30				
	45				
2 pm	00				
	15				
	30				
	45				
3 pm	00				
	15				
	30				
	45				
4 pm	00				
	15				
	30				
	45				
5 pm	00				
	15				
	30				
	45				
6 pm	00				
	15				
	30				
	45				
7 pm	00				
	15				
	30				
	45				
8 pm	00				
	15				
	30				
	45				

Time		M TU W TH F S SU Date :	M TU W TH F S SU Date :	M TU W TH F S SU Date :	M TU W TH F S SU Date : ....
7 am	00				
	15				
	30				
	45				
8 am	00				
	15				
	30				
	45				
9 am	00				
	15				
	30				
	45				
10 am	00				
	15				
	30				
	45				
11 am	00				
	15				
	30				
	45				
12 pm	00				
	15				
	30				
	45				
1 pm	00				
	15				
	30				
	45				
2 pm	00				
	15				
	30				
	45				
3 pm	00				
	15				
	30				
	45				
4 pm	00				
	15				
	30				
	45				
5 pm	00				
	15				
	30				
	45				
6 pm	00				
	15				
	30				
	45				
7 pm	00				
	15				
	30				
	45				
8 pm	00				
	15				
	30				
	45				

Time		M TU W TH F S SU Date :	M TU W TH F S SU Date :	M TU W TH F S SU Date :	M TU W TH F S SU Date : ....
7 am	00				
	15				
	30				
	45				
8 am	00				
	15				
	30				
	45				
9 am	00				
	15				
	30				
	45				
10 am	00				
	15				
	30				
	45				
11 am	00				
	15				
	30				
	45				
12 pm	00				
	15				
	30				
	45				
1 pm	00				
	15				
	30				
	45				
2 pm	00				
	15				
	30				
	45				
3 pm	00				
	15				
	30				
	45				
4 pm	00				
	15				
	30				
	45				
5 pm	00				
	15				
	30				
	45				
6 pm	00				
	15				
	30				
	45				
7 pm	00				
	15				
	30				
	45				
8 pm	00				
	15				
	30				
	45				

Time		(M) (TU) (W) (TH) (F) (S) (SU) Date :	(M) (TU) (W) (TH) (F) (S) (SU) Date :	(M) (TU) (W) (TH) (F) (S) (SU) Date :	(M) (TU) (W) (TH) (F) (S) (SU) Date : ....
7 am	00				
	15				
	30				
	45				
8 am	00				
	15				
	30				
	45				
9 am	00				
	15				
	30				
	45				
10 am	00				
	15				
	30				
	45				
11 am	00				
	15				
	30				
	45				
12 pm	00				
	15				
	30				
	45				
1 pm	00				
	15				
	30				
	45				
2 pm	00				
	15				
	30				
	45				
3 pm	00				
	15				
	30				
	45				
4 pm	00				
	15				
	30				
	45				
5 pm	00				
	15				
	30				
	45				
6 pm	00				
	15				
	30				
	45				
7 pm	00				
	15				
	30				
	45				
8 pm	00				
	15				
	30				
	45				

Time		M TU W TH F S SU Date :	M TU W TH F S SU Date :	M TU W TH F S SU Date :	M TU W TH F S SU Date : ....
7 am	00				
	15				
	30				
	45				
8 am	00				
	15				
	30				
	45				
9 am	00				
	15				
	30				
	45				
10 am	00				
	15				
	30				
	45				
11 am	00				
	15				
	30				
	45				
12 pm	00				
	15				
	30				
	45				
1 pm	00				
	15				
	30				
	45				
2 pm	00				
	15				
	30				
	45				
3 pm	00				
	15				
	30				
	45				
4 pm	00				
	15				
	30				
	45				
5 pm	00				
	15				
	30				
	45				
6 pm	00				
	15				
	30				
	45				
7 pm	00				
	15				
	30				
	45				
8 pm	00				
	15				
	30				
	45				

Time		(M) (TU) (W) (TH) (F) (S) (SU) Date :	(M) (TU) (W) (TH) (F) (S) (SU) Date :	(M) (TU) (W) (TH) (F) (S) (SU) Date :	(M) (TU) (W) (TH) (F) (S) (SU) Date : ....
7 am	00				
	15				
	30				
	45				
8 am	00				
	15				
	30				
	45				
9 am	00				
	15				
	30				
	45				
10 am	00				
	15				
	30				
	45				
11 am	00				
	15				
	30				
	45				
12 pm	00				
	15				
	30				
	45				
1 pm	00				
	15				
	30				
	45				
2 pm	00				
	15				
	30				
	45				
3 pm	00				
	15				
	30				
	45				
4 pm	00				
	15				
	30				
	45				
5 pm	00				
	15				
	30				
	45				
6 pm	00				
	15				
	30				
	45				
7 pm	00				
	15				
	30				
	45				
8 pm	00				
	15				
	30				
	45				

Time		(M) (TU) (W) (TH) (F) (S) (SU) Date :	(M) (TU) (W) (TH) (F) (S) (SU) Date :	(M) (TU) (W) (TH) (F) (S) (SU) Date :	(M) (TU) (W) (TH) (F) (S) (SU) Date : ....
7 am	00				
	15				
	30				
	45				
8 am	00				
	15				
	30				
	45				
9 am	00				
	15				
	30				
	45				
10 am	00				
	15				
	30				
	45				
11 am	00				
	15				
	30				
	45				
12 pm	00				
	15				
	30				
	45				
1 pm	00				
	15				
	30				
	45				
2 pm	00				
	15				
	30				
	45				
3 pm	00				
	15				
	30				
	45				
4 pm	00				
	15				
	30				
	45				
5 pm	00				
	15				
	30				
	45				
6 pm	00				
	15				
	30				
	45				
7 pm	00				
	15				
	30				
	45				
8 pm	00				
	15				
	30				
	45				

Time		(M)(TU)(W)(TH)(F)(S)(SU) Date :	(M)(TU)(W)(TH)(F)(S)(SU) Date :	(M)(TU)(W)(TH)(F)(S)(SU) Date :	(M)(TU)(W)(TH)(F)(S)(SU) Date : ....
7 am	00				
	15				
	30				
	45				
8 am	00				
	15				
	30				
	45				
9 am	00				
	15				
	30				
	45				
10 am	00				
	15				
	30				
	45				
11 am	00				
	15				
	30				
	45				
12 pm	00				
	15				
	30				
	45				
1 pm	00				
	15				
	30				
	45				
2 pm	00				
	15				
	30				
	45				
3 pm	00				
	15				
	30				
	45				
4 pm	00				
	15				
	30				
	45				
5 pm	00				
	15				
	30				
	45				
6 pm	00				
	15				
	30				
	45				
7 pm	00				
	15				
	30				
	45				
8 pm	00				
	15				
	30				
	45				

Time		M TU W TH F S SU Date :	M TU W TH F S SU Date :	M TU W TH F S SU Date :	M TU W TH F S SU Date :
7 am	00				
	15				
	30				
	45				
8 am	00				
	15				
	30				
	45				
9 am	00				
	15				
	30				
	45				
10 am	00				
	15				
	30				
	45				
11 am	00				
	15				
	30				
	45				
12 pm	00				
	15				
	30				
	45				
1 pm	00				
	15				
	30				
	45				
2 pm	00				
	15				
	30				
	45				
3 pm	00				
	15				
	30				
	45				
4 pm	00				
	15				
	30				
	45				
5 pm	00				
	15				
	30				
	45				
6 pm	00				
	15				
	30				
	45				
7 pm	00				
	15				
	30				
	45				
8 pm	00				
	15				
	30				
	45				

Time		M TU W TH F S SU Date :	M TU W TH F S SU Date :	M TU W TH F S SU Date :	M TU W TH F S SU Date : ....
7 am	00				
	15				
	30				
	45				
8 am	00				
	15				
	30				
	45				
9 am	00				
	15				
	30				
	45				
10 am	00				
	15				
	30				
	45				
11 am	00				
	15				
	30				
	45				
12 pm	00				
	15				
	30				
	45				
1 pm	00				
	15				
	30				
	45				
2 pm	00				
	15				
	30				
	45				
3 pm	00				
	15				
	30				
	45				
4 pm	00				
	15				
	30				
	45				
5 pm	00				
	15				
	30				
	45				
6 pm	00				
	15				
	30				
	45				
7 pm	00				
	15				
	30				
	45				
8 pm	00				
	15				
	30				
	45				

Time		(M)(TU)(W)(TH)(F)(S)(SU) Date :	(M)(TU)(W)(TH)(F)(S)(SU) Date :	(M)(TU)(W)(TH)(F)(S)(SU) Date :	(M)(TU)(W)(TH)(F)(S)(SU) Date : ....
7 am	00				
	15				
	30				
	45				
8 am	00				
	15				
	30				
	45				
9 am	00				
	15				
	30				
	45				
10 am	00				
	15				
	30				
	45				
11 am	00				
	15				
	30				
	45				
12 pm	00				
	15				
	30				
	45				
1 pm	00				
	15				
	30				
	45				
2 pm	00				
	15				
	30				
	45				
3 pm	00				
	15				
	30				
	45				
4 pm	00				
	15				
	30				
	45				
5 pm	00				
	15				
	30				
	45				
6 pm	00				
	15				
	30				
	45				
7 pm	00				
	15				
	30				
	45				
8 pm	00				
	15				
	30				
	45				

Time		(M) (TU) (W) (TH) (F) (S) (SU) Date :	(M) (TU) (W) (TH) (F) (S) (SU) Date :	(M) (TU) (W) (TH) (F) (S) (SU) Date :	(M) (TU) (W) (TH) (F) (S) (SU) Date : ....
7 am	00				
	15				
	30				
	45				
8 am	00				
	15				
	30				
	45				
9 am	00				
	15				
	30				
	45				
10 am	00				
	15				
	30				
	45				
11 am	00				
	15				
	30				
	45				
12 pm	00				
	15				
	30				
	45				
1 pm	00				
	15				
	30				
	45				
2 pm	00				
	15				
	30				
	45				
3 pm	00				
	15				
	30				
	45				
4 pm	00				
	15				
	30				
	45				
5 pm	00				
	15				
	30				
	45				
6 pm	00				
	15				
	30				
	45				
7 pm	00				
	15				
	30				
	45				
8 pm	00				
	15				
	30				
	45				

Time		M TU W TH F S SU Date :	M TU W TH F S SU Date :	M TU W TH F S SU Date :	M TU W TH F S SU Date : ....
7 am	00				
	15				
	30				
	45				
8 am	00				
	15				
	30				
	45				
9 am	00				
	15				
	30				
	45				
10 am	00				
	15				
	30				
	45				
11 am	00				
	15				
	30				
	45				
12 pm	00				
	15				
	30				
	45				
1 pm	00				
	15				
	30				
	45				
2 pm	00				
	15				
	30				
	45				
3 pm	00				
	15				
	30				
	45				
4 pm	00				
	15				
	30				
	45				
5 pm	00				
	15				
	30				
	45				
6 pm	00				
	15				
	30				
	45				
7 pm	00				
	15				
	30				
	45				
8 pm	00				
	15				
	30				
	45				

Time		(M)(TU)(W)(TH)(F)(S)(SU) Date :	(M)(TU)(W)(TH)(F)(S)(SU) Date :	(M)(TU)(W)(TH)(F)(S)(SU) Date :	(M)(TU)(W)(TH)(F)(S)(SU) Date : ....
7 am	00				
	15				
	30				
	45				
8 am	00				
	15				
	30				
	45				
9 am	00				
	15				
	30				
	45				
10 am	00				
	15				
	30				
	45				
11 am	00				
	15				
	30				
	45				
12 pm	00				
	15				
	30				
	45				
1 pm	00				
	15				
	30				
	45				
2 pm	00				
	15				
	30				
	45				
3 pm	00				
	15				
	30				
	45				
4 pm	00				
	15				
	30				
	45				
5 pm	00				
	15				
	30				
	45				
6 pm	00				
	15				
	30				
	45				
7 pm	00				
	15				
	30				
	45				
8 pm	00				
	15				
	30				
	45				

Time	(M) (TU) (W) (TH) (F) (S) (SU) Date :	(M) (TU) (W) (TH) (F) (S) (SU) Date :	(M) (TU) (W) (TH) (F) (S) (SU) Date :	(M) (TU) (W) (TH) (F) (S) (SU) Date : ....
7 am 00				
15				
30				
45				
8 am 00				
15				
30				
45				
9 am 00				
15				
30				
45				
10 am 00				
15				
30				
45				
11 am 00				
15				
30				
45				
12 pm 00				
15				
30				
45				
1 pm 00				
15				
30				
45				
2 pm 00				
15				
30				
45				
3 pm 00				
15				
30				
45				
4 pm 00				
15				
30				
45				
5 pm 00				
15				
30				
45				
6 pm 00				
15				
30				
45				
7 pm 00				
15				
30				
45				
8 pm 00				
15				
30				
45				

Time		M TU W TH F S SU Date :	M TU W TH F S SU Date :	M TU W TH F S SU Date :	M TU W TH F S SU Date : ....
7 am	00				
	15				
	30				
	45				
8 am	00				
	15				
	30				
	45				
9 am	00				
	15				
	30				
	45				
10 am	00				
	15				
	30				
	45				
11 am	00				
	15				
	30				
	45				
12 pm	00				
	15				
	30				
	45				
1 pm	00				
	15				
	30				
	45				
2 pm	00				
	15				
	30				
	45				
3 pm	00				
	15				
	30				
	45				
4 pm	00				
	15				
	30				
	45				
5 pm	00				
	15				
	30				
	45				
6 pm	00				
	15				
	30				
	45				
7 pm	00				
	15				
	30				
	45				
8 pm	00				
	15				
	30				
	45				

Time		(M)(TU)(W)(TH)(F)(S)(SU) Date :	(M)(TU)(W)(TH)(F)(S)(SU) Date :	(M)(TU)(W)(TH)(F)(S)(SU) Date :	(M)(TU)(W)(TH)(F)(S)(SU) Date : ....
7 am	00				
	15				
	30				
	45				
8 am	00				
	15				
	30				
	45				
9 am	00				
	15				
	30				
	45				
10 am	00				
	15				
	30				
	45				
11 am	00				
	15				
	30				
	45				
12 pm	00				
	15				
	30				
	45				
1 pm	00				
	15				
	30				
	45				
2 pm	00				
	15				
	30				
	45				
3 pm	00				
	15				
	30				
	45				
4 pm	00				
	15				
	30				
	45				
5 pm	00				
	15				
	30				
	45				
6 pm	00				
	15				
	30				
	45				
7 pm	00				
	15				
	30				
	45				
8 pm	00				
	15				
	30				
	45				

Time	M TU W TH F S SU Date :	M TU W TH F S SU Date :	M TU W TH F S SU Date :	M TU W TH F S SU Date : ....
7 am 00 15 30 45				
8 am 00 15 30 45				
9 am 00 15 30 45				
10 am 00 15 30 45				
11 am 00 15 30 45				
12 pm 00 15 30 45				
1 pm 00 15 30 45				
2 pm 00 15 30 45				
3 pm 00 15 30 45				
4 pm 00 15 30 45				
5 pm 00 15 30 45				
6 pm 00 15 30 45				
7 pm 00 15 30 45				
8 pm 00 15 30 45				

Time		M TU W TH F S SU Date :	M TU W TH F S SU Date :	M TU W TH F S SU Date :	M TU W TH F S SU Date : ....
7 am	00				
	15				
	30				
	45				
8 am	00				
	15				
	30				
	45				
9 am	00				
	15				
	30				
	45				
10 am	00				
	15				
	30				
	45				
11 am	00				
	15				
	30				
	45				
12 pm	00				
	15				
	30				
	45				
1 pm	00				
	15				
	30				
	45				
2 pm	00				
	15				
	30				
	45				
3 pm	00				
	15				
	30				
	45				
4 pm	00				
	15				
	30				
	45				
5 pm	00				
	15				
	30				
	45				
6 pm	00				
	15				
	30				
	45				
7 pm	00				
	15				
	30				
	45				
8 pm	00				
	15				
	30				
	45				

Time		(M) (TU) (W) (TH) (F) (S) (SU) Date :	(M) (TU) (W) (TH) (F) (S) (SU) Date :	(M) (TU) (W) (TH) (F) (S) (SU) Date :	(M) (TU) (W) (TH) (F) (S) (SU) Date : ....
7 am	00				
	15				
	30				
	45				
8 am	00				
	15				
	30				
	45				
9 am	00				
	15				
	30				
	45				
10 am	00				
	15				
	30				
	45				
11 am	00				
	15				
	30				
	45				
12 pm	00				
	15				
	30				
	45				
1 pm	00				
	15				
	30				
	45				
2 pm	00				
	15				
	30				
	45				
3 pm	00				
	15				
	30				
	45				
4 pm	00				
	15				
	30				
	45				
5 pm	00				
	15				
	30				
	45				
6 pm	00				
	15				
	30				
	45				
7 pm	00				
	15				
	30				
	45				
8 pm	00				
	15				
	30				
	45				

Time		(M) (TU) (W) (TH) (F) (S) (SU) Date :	(M) (TU) (W) (TH) (F) (S) (SU) Date :	(M) (TU) (W) (TH) (F) (S) (SU) Date :	(M) (TU) (W) (TH) (F) (S) (SU) Date : ....
7 am	00				
	15				
	30				
	45				
8 am	00				
	15				
	30				
	45				
9 am	00				
	15				
	30				
	45				
10 am	00				
	15				
	30				
	45				
11 am	00				
	15				
	30				
	45				
12 pm	00				
	15				
	30				
	45				
1 pm	00				
	15				
	30				
	45				
2 pm	00				
	15				
	30				
	45				
3 pm	00				
	15				
	30				
	45				
4 pm	00				
	15				
	30				
	45				
5 pm	00				
	15				
	30				
	45				
6 pm	00				
	15				
	30				
	45				
7 pm	00				
	15				
	30				
	45				
8 pm	00				
	15				
	30				
	45				

Time		M TU W TH F S SU Date :................	M TU W TH F S SU Date :................	M TU W TH F S SU Date :................	M TU W TH F S SU Date :................
7 am	00				
	15				
	30				
	45				
8 am	00				
	15				
	30				
	45				
9 am	00				
	15				
	30				
	45				
10 am	00				
	15				
	30				
	45				
11 am	00				
	15				
	30				
	45				
12 pm	00				
	15				
	30				
	45				
1 pm	00				
	15				
	30				
	45				
2 pm	00				
	15				
	30				
	45				
3 pm	00				
	15				
	30				
	45				
4 pm	00				
	15				
	30				
	45				
5 pm	00				
	15				
	30				
	45				
6 pm	00				
	15				
	30				
	45				
7 pm	00				
	15				
	30				
	45				
8 pm	00				
	15				
	30				
	45				

Time		Ⓜ ⓉⓊ Ⓦ ⓉⒽ Ⓕ Ⓢ ⓈⓊ Date :	Ⓜ ⓉⓊ Ⓦ ⓉⒽ Ⓕ Ⓢ ⓈⓊ Date :	Ⓜ ⓉⓊ Ⓦ ⓉⒽ Ⓕ Ⓢ ⓈⓊ Date :	Ⓜ ⓉⓊ Ⓦ ⓉⒽ Ⓕ Ⓢ ⓈⓊ Date : ....
7 am	00				
	15				
	30				
	45				
8 am	00				
	15				
	30				
	45				
9 am	00				
	15				
	30				
	45				
10 am	00				
	15				
	30				
	45				
11 am	00				
	15				
	30				
	45				
12 pm	00				
	15				
	30				
	45				
1 pm	00				
	15				
	30				
	45				
2 pm	00				
	15				
	30				
	45				
3 pm	00				
	15				
	30				
	45				
4 pm	00				
	15				
	30				
	45				
5 pm	00				
	15				
	30				
	45				
6 pm	00				
	15				
	30				
	45				
7 pm	00				
	15				
	30				
	45				
8 pm	00				
	15				
	30				
	45				

Time		M TU W TH F S SU Date :	M TU W TH F S SU Date :	M TU W TH F S SU Date :	M TU W TH F S SU Date : ....
7 am	00				
	15				
	30				
	45				
8 am	00				
	15				
	30				
	45				
9 am	00				
	15				
	30				
	45				
10 am	00				
	15				
	30				
	45				
11 am	00				
	15				
	30				
	45				
12 pm	00				
	15				
	30				
	45				
1 pm	00				
	15				
	30				
	45				
2 pm	00				
	15				
	30				
	45				
3 pm	00				
	15				
	30				
	45				
4 pm	00				
	15				
	30				
	45				
5 pm	00				
	15				
	30				
	45				
6 pm	00				
	15				
	30				
	45				
7 pm	00				
	15				
	30				
	45				
8 pm	00				
	15				
	30				
	45				

Time		(M) (TU) (W) (TH) (F) (S) (SU) Date :	(M) (TU) (W) (TH) (F) (S) (SU) Date :	(M) (TU) (W) (TH) (F) (S) (SU) Date :	(M) (TU) (W) (TH) (F) (S) (SU) Date : ....
7 am	00				
	15				
	30				
	45				
8 am	00				
	15				
	30				
	45				
9 am	00				
	15				
	30				
	45				
10 am	00				
	15				
	30				
	45				
11 am	00				
	15				
	30				
	45				
12 pm	00				
	15				
	30				
	45				
1 pm	00				
	15				
	30				
	45				
2 pm	00				
	15				
	30				
	45				
3 pm	00				
	15				
	30				
	45				
4 pm	00				
	15				
	30				
	45				
5 pm	00				
	15				
	30				
	45				
6 pm	00				
	15				
	30				
	45				
7 pm	00				
	15				
	30				
	45				
8 pm	00				
	15				
	30				
	45				

Time		M TU W TH F S SU Date :	M TU W TH F S SU Date :	M TU W TH F S SU Date :	M TU W TH F S SU Date :
7 am	00				
	15				
	30				
	45				
8 am	00				
	15				
	30				
	45				
9 am	00				
	15				
	30				
	45				
10 am	00				
	15				
	30				
	45				
11 am	00				
	15				
	30				
	45				
12 pm	00				
	15				
	30				
	45				
1 pm	00				
	15				
	30				
	45				
2 pm	00				
	15				
	30				
	45				
3 pm	00				
	15				
	30				
	45				
4 pm	00				
	15				
	30				
	45				
5 pm	00				
	15				
	30				
	45				
6 pm	00				
	15				
	30				
	45				
7 pm	00				
	15				
	30				
	45				
8 pm	00				
	15				
	30				
	45				

Time		(M) (TU) (W) (TH) (F) (S) (SU) Date :	(M) (TU) (W) (TH) (F) (S) (SU) Date :	(M) (TU) (W) (TH) (F) (S) (SU) Date :	(M) (TU) (W) (TH) (F) (S) (SU) Date : ....
7 am	00				
	15				
	30				
	45				
8 am	00				
	15				
	30				
	45				
9 am	00				
	15				
	30				
	45				
10 am	00				
	15				
	30				
	45				
11 am	00				
	15				
	30				
	45				
12 pm	00				
	15				
	30				
	45				
1 pm	00				
	15				
	30				
	45				
2 pm	00				
	15				
	30				
	45				
3 pm	00				
	15				
	30				
	45				
4 pm	00				
	15				
	30				
	45				
5 pm	00				
	15				
	30				
	45				
6 pm	00				
	15				
	30				
	45				
7 pm	00				
	15				
	30				
	45				
8 pm	00				
	15				
	30				
	45				

Time		(M) (TU) (W) (TH) (F) (S) (SU) Date :	(M) (TU) (W) (TH) (F) (S) (SU) Date :	(M) (TU) (W) (TH) (F) (S) (SU) Date :	(M) (TU) (W) (TH) (F) (S) (SU) Date : ....
7 am	00				
	15				
	30				
	45				
8 am	00				
	15				
	30				
	45				
9 am	00				
	15				
	30				
	45				
10 am	00				
	15				
	30				
	45				
11 am	00				
	15				
	30				
	45				
12 pm	00				
	15				
	30				
	45				
1 pm	00				
	15				
	30				
	45				
2 pm	00				
	15				
	30				
	45				
3 pm	00				
	15				
	30				
	45				
4 pm	00				
	15				
	30				
	45				
5 pm	00				
	15				
	30				
	45				
6 pm	00				
	15				
	30				
	45				
7 pm	00				
	15				
	30				
	45				
8 pm	00				
	15				
	30				
	45				

Time		M TU W TH F S SU Date :...................	M TU W TH F S SU Date :...................	M TU W TH F S SU Date :...................	M TU W TH F S SU Date :...................
7 am	00				
	15				
	30				
	45				
8 am	00				
	15				
	30				
	45				
9 am	00				
	15				
	30				
	45				
10 am	00				
	15				
	30				
	45				
11 am	00				
	15				
	30				
	45				
12 pm	00				
	15				
	30				
	45				
1 pm	00				
	15				
	30				
	45				
2 pm	00				
	15				
	30				
	45				
3 pm	00				
	15				
	30				
	45				
4 pm	00				
	15				
	30				
	45				
5 pm	00				
	15				
	30				
	45				
6 pm	00				
	15				
	30				
	45				
7 pm	00				
	15				
	30				
	45				
8 pm	00				
	15				
	30				
	45				

Time		(M) (TU) (W) (TH) (F) (S) (SU) Date :	(M) (TU) (W) (TH) (F) (S) (SU) Date :	(M) (TU) (W) (TH) (F) (S) (SU) Date :	(M) (TU) (W) (TH) (F) (S) (SU) Date : ....
7 am	00				
	15				
	30				
	45				
8 am	00				
	15				
	30				
	45				
9 am	00				
	15				
	30				
	45				
10 am	00				
	15				
	30				
	45				
11 am	00				
	15				
	30				
	45				
12 pm	00				
	15				
	30				
	45				
1 pm	00				
	15				
	30				
	45				
2 pm	00				
	15				
	30				
	45				
3 pm	00				
	15				
	30				
	45				
4 pm	00				
	15				
	30				
	45				
5 pm	00				
	15				
	30				
	45				
6 pm	00				
	15				
	30				
	45				
7 pm	00				
	15				
	30				
	45				
8 pm	00				
	15				
	30				
	45				

Time		M TU W TH F S SU Date :	M TU W TH F S SU Date :	M TU W TH F S SU Date :	M TU W TH F S SU Date : ....
7 am	00				
	15				
	30				
	45				
8 am	00				
	15				
	30				
	45				
9 am	00				
	15				
	30				
	45				
10 am	00				
	15				
	30				
	45				
11 am	00				
	15				
	30				
	45				
12 pm	00				
	15				
	30				
	45				
1 pm	00				
	15				
	30				
	45				
2 pm	00				
	15				
	30				
	45				
3 pm	00				
	15				
	30				
	45				
4 pm	00				
	15				
	30				
	45				
5 pm	00				
	15				
	30				
	45				
6 pm	00				
	15				
	30				
	45				
7 pm	00				
	15				
	30				
	45				
8 pm	00				
	15				
	30				
	45				

Time		M TU W TH F S SU Date :	M TU W TH F S SU Date :	M TU W TH F S SU Date :	M TU W TH F S SU Date : ....
7 am	00				
	15				
	30				
	45				
8 am	00				
	15				
	30				
	45				
9 am	00				
	15				
	30				
	45				
10 am	00				
	15				
	30				
	45				
11 am	00				
	15				
	30				
	45				
12 pm	00				
	15				
	30				
	45				
1 pm	00				
	15				
	30				
	45				
2 pm	00				
	15				
	30				
	45				
3 pm	00				
	15				
	30				
	45				
4 pm	00				
	15				
	30				
	45				
5 pm	00				
	15				
	30				
	45				
6 pm	00				
	15				
	30				
	45				
7 pm	00				
	15				
	30				
	45				
8 pm	00				
	15				
	30				
	45				

Time		(M)(TU)(W)(TH)(F)(S)(SU) Date :	(M)(TU)(W)(TH)(F)(S)(SU) Date :	(M)(TU)(W)(TH)(F)(S)(SU) Date :	(M)(TU)(W)(TH)(F)(S)(SU) Date : ....
7 am	00				
	15				
	30				
	45				
8 am	00				
	15				
	30				
	45				
9 am	00				
	15				
	30				
	45				
10 am	00				
	15				
	30				
	45				
11 am	00				
	15				
	30				
	45				
12 pm	00				
	15				
	30				
	45				
1 pm	00				
	15				
	30				
	45				
2 pm	00				
	15				
	30				
	45				
3 pm	00				
	15				
	30				
	45				
4 pm	00				
	15				
	30				
	45				
5 pm	00				
	15				
	30				
	45				
6 pm	00				
	15				
	30				
	45				
7 pm	00				
	15				
	30				
	45				
8 pm	00				
	15				
	30				
	45				

Time		(M) (TU) (W) (TH) (F) (S) (SU) Date :	(M) (TU) (W) (TH) (F) (S) (SU) Date :	(M) (TU) (W) (TH) (F) (S) (SU) Date :	(M) (TU) (W) (TH) (F) (S) (SU) Date : ....
7 am	00				
	15				
	30				
	45				
8 am	00				
	15				
	30				
	45				
9 am	00				
	15				
	30				
	45				
10 am	00				
	15				
	30				
	45				
11 am	00				
	15				
	30				
	45				
12 pm	00				
	15				
	30				
	45				
1 pm	00				
	15				
	30				
	45				
2 pm	00				
	15				
	30				
	45				
3 pm	00				
	15				
	30				
	45				
4 pm	00				
	15				
	30				
	45				
5 pm	00				
	15				
	30				
	45				
6 pm	00				
	15				
	30				
	45				
7 pm	00				
	15				
	30				
	45				
8 pm	00				
	15				
	30				
	45				

Time		M TU W TH F S SU Date :	M TU W TH F S SU Date :	M TU W TH F S SU Date :	M TU W TH F S SU Date : ....
7 am	00				
	15				
	30				
	45				
8 am	00				
	15				
	30				
	45				
9 am	00				
	15				
	30				
	45				
10 am	00				
	15				
	30				
	45				
11 am	00				
	15				
	30				
	45				
12 pm	00				
	15				
	30				
	45				
1 pm	00				
	15				
	30				
	45				
2 pm	00				
	15				
	30				
	45				
3 pm	00				
	15				
	30				
	45				
4 pm	00				
	15				
	30				
	45				
5 pm	00				
	15				
	30				
	45				
6 pm	00				
	15				
	30				
	45				
7 pm	00				
	15				
	30				
	45				
8 pm	00				
	15				
	30				
	45				

Time	Ⓜ ⓉⓊ Ⓦ ⓉⒽ Ⓕ Ⓢ ⓈⓊ Date :	Ⓜ ⓉⓊ Ⓦ ⓉⒽ Ⓕ Ⓢ ⓈⓊ Date :	Ⓜ ⓉⓊ Ⓦ ⓉⒽ Ⓕ Ⓢ ⓈⓊ Date :	Ⓜ ⓉⓊ Ⓦ ⓉⒽ Ⓕ Ⓢ ⓈⓊ Date : ....
7 am 00 15 30 45				
8 am 00 15 30 45				
9 am 00 15 30 45				
10 am 00 15 30 45				
11 am 00 15 30 45				
12 pm 00 15 30 45				
1 pm 00 15 30 45				
2 pm 00 15 30 45				
3 pm 00 15 30 45				
4 pm 00 15 30 45				
5 pm 00 15 30 45				
6 pm 00 15 30 45				
7 pm 00 15 30 45				
8 pm 00 15 30 45				

Time		(M) (TU) (W) (TH) (F) (S) (SU) Date :.................	(M) (TU) (W) (TH) (F) (S) (SU) Date :.................	(M) (TU) (W) (TH) (F) (S) (SU) Date :.................	(M) (TU) (W) (TH) (F) (S) (SU) Date :.................
7 am	00				
	15				
	30				
	45				
8 am	00				
	15				
	30				
	45				
9 am	00				
	15				
	30				
	45				
10 am	00				
	15				
	30				
	45				
11 am	00				
	15				
	30				
	45				
12 pm	00				
	15				
	30				
	45				
1 pm	00				
	15				
	30				
	45				
2 pm	00				
	15				
	30				
	45				
3 pm	00				
	15				
	30				
	45				
4 pm	00				
	15				
	30				
	45				
5 pm	00				
	15				
	30				
	45				
6 pm	00				
	15				
	30				
	45				
7 pm	00				
	15				
	30				
	45				
8 pm	00				
	15				
	30				
	45				

Time		(M) (TU) (W) (TH) (F) (S) (SU) Date :	(M) (TU) (W) (TH) (F) (S) (SU) Date :	(M) (TU) (W) (TH) (F) (S) (SU) Date :	(M) (TU) (W) (TH) (F) (S) (SU) Date : ....
7 am	00				
	15				
	30				
	45				
8 am	00				
	15				
	30				
	45				
9 am	00				
	15				
	30				
	45				
10 am	00				
	15				
	30				
	45				
11 am	00				
	15				
	30				
	45				
12 pm	00				
	15				
	30				
	45				
1 pm	00				
	15				
	30				
	45				
2 pm	00				
	15				
	30				
	45				
3 pm	00				
	15				
	30				
	45				
4 pm	00				
	15				
	30				
	45				
5 pm	00				
	15				
	30				
	45				
6 pm	00				
	15				
	30				
	45				
7 pm	00				
	15				
	30				
	45				
8 pm	00				
	15				
	30				
	45	(M) (TU) (W) (TH) (F) (S) (SU)	(M) (TU) (W) (TH) (F) (S) (SU)	(M) (TU) (W) (TH) (F) (S) (SU)	(M) (TU) (W) (TH) (F) (S) (SU)

Time		M TU W TH F S SU Date :	M TU W TH F S SU Date :	M TU W TH F S SU Date :	M TU W TH F S SU Date : ....
7 am	00				
	15				
	30				
	45				
8 am	00				
	15				
	30				
	45				
9 am	00				
	15				
	30				
	45				
10 am	00				
	15				
	30				
	45				
11 am	00				
	15				
	30				
	45				
12 pm	00				
	15				
	30				
	45				
1 pm	00				
	15				
	30				
	45				
2 pm	00				
	15				
	30				
	45				
3 pm	00				
	15				
	30				
	45				
4 pm	00				
	15				
	30				
	45				
5 pm	00				
	15				
	30				
	45				
6 pm	00				
	15				
	30				
	45				
7 pm	00				
	15				
	30				
	45				
8 pm	00				
	15				
	30				
	45				

Time		ⓂⓉⓊⓌⓉⒽⒻⓈⓈⓊ Date :	ⓂⓉⓊⓌⓉⒽⒻⓈⓈⓊ Date :	ⓂⓉⓊⓌⓉⒽⒻⓈⓈⓊ Date :	ⓂⓉⓊⓌⓉⒽⒻⓈⓈⓊ Date : ....
7 am	00				
	15				
	30				
	45				
8 am	00				
	15				
	30				
	45				
9 am	00				
	15				
	30				
	45				
10 am	00				
	15				
	30				
	45				
11 am	00				
	15				
	30				
	45				
12 pm	00				
	15				
	30				
	45				
1 pm	00				
	15				
	30				
	45				
2 pm	00				
	15				
	30				
	45				
3 pm	00				
	15				
	30				
	45				
4 pm	00				
	15				
	30				
	45				
5 pm	00				
	15				
	30				
	45				
6 pm	00				
	15				
	30				
	45				
7 pm	00				
	15				
	30				
	45				
8 pm	00				
	15				
	30				
	45				

Time	ⓂⓉⓊⓌⓉⒽⒻⓈⓈⓊ Date :................	ⓂⓉⓊⓌⓉⒽⒻⓈⓈⓊ Date :................	ⓂⓉⓊⓌⓉⒽⒻⓈⓈⓊ Date :................	ⓂⓉⓊⓌⓉⒽⒻⓈⓈⓊ Date :................
7 am 00 / 15 / 30 / 45				
8 am 00 / 15 / 30 / 45				
9 am 00 / 15 / 30 / 45				
10 am 00 / 15 / 30 / 45				
11 am 00 / 15 / 30 / 45				
12 pm 00 / 15 / 30 / 45				
1 pm 00 / 15 / 30 / 45				
2 pm 00 / 15 / 30 / 45				
3 pm 00 / 15 / 30 / 45				
4 pm 00 / 15 / 30 / 45				
5 pm 00 / 15 / 30 / 45				
6 pm 00 / 15 / 30 / 45				
7 pm 00 / 15 / 30 / 45				
8 pm 00 / 15 / 30 / 45				

Time		(M) (TU) (W) (TH) (F) (S) (SU) Date :	(M) (TU) (W) (TH) (F) (S) (SU) Date :	(M) (TU) (W) (TH) (F) (S) (SU) Date :	(M) (TU) (W) (TH) (F) (S) (SU) Date : ....
7 am	00				
	15				
	30				
	45				
8 am	00				
	15				
	30				
	45				
9 am	00				
	15				
	30				
	45				
10 am	00				
	15				
	30				
	45				
11 am	00				
	15				
	30				
	45				
12 pm	00				
	15				
	30				
	45				
1 pm	00				
	15				
	30				
	45				
2 pm	00				
	15				
	30				
	45				
3 pm	00				
	15				
	30				
	45				
4 pm	00				
	15				
	30				
	45				
5 pm	00				
	15				
	30				
	45				
6 pm	00				
	15				
	30				
	45				
7 pm	00				
	15				
	30				
	45				
8 pm	00				
	15				
	30				
	45				

Time		(M) (TU) (W) (TH) (F) (S) (SU) Date :	(M) (TU) (W) (TH) (F) (S) (SU) Date :	(M) (TU) (W) (TH) (F) (S) (SU) Date :	(M) (TU) (W) (TH) (F) (S) (SU) Date : ....
7 am	00				
	15				
	30				
	45				
8 am	00				
	15				
	30				
	45				
9 am	00				
	15				
	30				
	45				
10 am	00				
	15				
	30				
	45				
11 am	00				
	15				
	30				
	45				
12 pm	00				
	15				
	30				
	45				
1 pm	00				
	15				
	30				
	45				
2 pm	00				
	15				
	30				
	45				
3 pm	00				
	15				
	30				
	45				
4 pm	00				
	15				
	30				
	45				
5 pm	00				
	15				
	30				
	45				
6 pm	00				
	15				
	30				
	45				
7 pm	00				
	15				
	30				
	45				
8 pm	00				
	15				
	30				
	45				

Time		(M) (TU) (W) (TH) (F) (S) (SU) Date :	(M) (TU) (W) (TH) (F) (S) (SU) Date :	(M) (TU) (W) (TH) (F) (S) (SU) Date :	(M) (TU) (W) (TH) (F) (S) (SU) Date : ....
7 am	00				
	15				
	30				
	45				
8 am	00				
	15				
	30				
	45				
9 am	00				
	15				
	30				
	45				
10 am	00				
	15				
	30				
	45				
11 am	00				
	15				
	30				
	45				
12 pm	00				
	15				
	30				
	45				
1 pm	00				
	15				
	30				
	45				
2 pm	00				
	15				
	30				
	45				
3 pm	00				
	15				
	30				
	45				
4 pm	00				
	15				
	30				
	45				
5 pm	00				
	15				
	30				
	45				
6 pm	00				
	15				
	30				
	45				
7 pm	00				
	15				
	30				
	45				
8 pm	00				
	15				
	30				
	45				

Time		M TU W TH F S SU Date :	M TU W TH F S SU Date :	M TU W TH F S SU Date :	M TU W TH F S SU Date :
7 am	00				
	15				
	30				
	45				
8 am	00				
	15				
	30				
	45				
9 am	00				
	15				
	30				
	45				
10 am	00				
	15				
	30				
	45				
11 am	00				
	15				
	30				
	45				
12 pm	00				
	15				
	30				
	45				
1 pm	00				
	15				
	30				
	45				
2 pm	00				
	15				
	30				
	45				
3 pm	00				
	15				
	30				
	45				
4 pm	00				
	15				
	30				
	45				
5 pm	00				
	15				
	30				
	45				
6 pm	00				
	15				
	30				
	45				
7 pm	00				
	15				
	30				
	45				
8 pm	00				
	15				
	30				
	45				

Time		(M)(TU)(W)(TH)(F)(S)(SU) Date :	(M)(TU)(W)(TH)(F)(S)(SU) Date :	(M)(TU)(W)(TH)(F)(S)(SU) Date :	(M)(TU)(W)(TH)(F)(S)(SU) Date : ....
7 am	00				
	15				
	30				
	45				
8 am	00				
	15				
	30				
	45				
9 am	00				
	15				
	30				
	45				
10 am	00				
	15				
	30				
	45				
11 am	00				
	15				
	30				
	45				
12 pm	00				
	15				
	30				
	45				
1 pm	00				
	15				
	30				
	45				
2 pm	00				
	15				
	30				
	45				
3 pm	00				
	15				
	30				
	45				
4 pm	00				
	15				
	30				
	45				
5 pm	00				
	15				
	30				
	45				
6 pm	00				
	15				
	30				
	45				
7 pm	00				
	15				
	30				
	45				
8 pm	00				
	15				
	30				
	45				

Time		ⓂTU ⓌTH Ⓕ Ⓢ SU Date :	ⓂTU ⓌTH Ⓕ Ⓢ SU Date :	ⓂTU ⓌTH Ⓕ Ⓢ SU Date :	ⓂTU ⓌTH Ⓕ Ⓢ SU Date :
7 am	00				
	15				
	30				
	45				
8 am	00				
	15				
	30				
	45				
9 am	00				
	15				
	30				
	45				
10 am	00				
	15				
	30				
	45				
11 am	00				
	15				
	30				
	45				
12 pm	00				
	15				
	30				
	45				
1 pm	00				
	15				
	30				
	45				
2 pm	00				
	15				
	30				
	45				
3 pm	00				
	15				
	30				
	45				
4 pm	00				
	15				
	30				
	45				
5 pm	00				
	15				
	30				
	45				
6 pm	00				
	15				
	30				
	45				
7 pm	00				
	15				
	30				
	45				
8 pm	00				
	15				
	30				
	45				

Time		(M) (TU) (W) (TH) (F) (S) (SU) Date :	(M) (TU) (W) (TH) (F) (S) (SU) Date :	(M) (TU) (W) (TH) (F) (S) (SU) Date :	(M) (TU) (W) (TH) (F) (S) (SU) Date : ....
7 am	00				
	15				
	30				
	45				
8 am	00				
	15				
	30				
	45				
9 am	00				
	15				
	30				
	45				
10 am	00				
	15				
	30				
	45				
11 am	00				
	15				
	30				
	45				
12 pm	00				
	15				
	30				
	45				
1 pm	00				
	15				
	30				
	45				
2 pm	00				
	15				
	30				
	45				
3 pm	00				
	15				
	30				
	45				
4 pm	00				
	15				
	30				
	45				
5 pm	00				
	15				
	30				
	45				
6 pm	00				
	15				
	30				
	45				
7 pm	00				
	15				
	30				
	45				
8 pm	00				
	15				
	30				
	45				

Time		M TU W TH F S SU Date :	M TU W TH F S SU Date :	M TU W TH F S SU Date :	M TU W TH F S SU Date : ....
7 am	00				
	15				
	30				
	45				
8 am	00				
	15				
	30				
	45				
9 am	00				
	15				
	30				
	45				
10 am	00				
	15				
	30				
	45				
11 am	00				
	15				
	30				
	45				
12 pm	00				
	15				
	30				
	45				
1 pm	00				
	15				
	30				
	45				
2 pm	00				
	15				
	30				
	45				
3 pm	00				
	15				
	30				
	45				
4 pm	00				
	15				
	30				
	45				
5 pm	00				
	15				
	30				
	45				
6 pm	00				
	15				
	30				
	45				
7 pm	00				
	15				
	30				
	45				
8 pm	00				
	15				
	30				
	45				

Time		(M) (TU) (W) (TH) (F) (S) (SU) Date :	(M) (TU) (W) (TH) (F) (S) (SU) Date :	(M) (TU) (W) (TH) (F) (S) (SU) Date :	(M) (TU) (W) (TH) (F) (S) (SU) Date : ....
7 am	00				
	15				
	30				
	45				
8 am	00				
	15				
	30				
	45				
9 am	00				
	15				
	30				
	45				
10 am	00				
	15				
	30				
	45				
11 am	00				
	15				
	30				
	45				
12 pm	00				
	15				
	30				
	45				
1 pm	00				
	15				
	30				
	45				
2 pm	00				
	15				
	30				
	45				
3 pm	00				
	15				
	30				
	45				
4 pm	00				
	15				
	30				
	45				
5 pm	00				
	15				
	30				
	45				
6 pm	00				
	15				
	30				
	45				
7 pm	00				
	15				
	30				
	45				
8 pm	00				
	15				
	30				
	45				

Time		(M) (TU) (W) (TH) (F) (S) (SU) Date :	(M) (TU) (W) (TH) (F) (S) (SU) Date :	(M) (TU) (W) (TH) (F) (S) (SU) Date :	(M) (TU) (W) (TH) (F) (S) (SU) Date : ....
7 am	00				
	15				
	30				
	45				
8 am	00				
	15				
	30				
	45				
9 am	00				
	15				
	30				
	45				
10 am	00				
	15				
	30				
	45				
11 am	00				
	15				
	30				
	45				
12 pm	00				
	15				
	30				
	45				
1 pm	00				
	15				
	30				
	45				
2 pm	00				
	15				
	30				
	45				
3 pm	00				
	15				
	30				
	45				
4 pm	00				
	15				
	30				
	45				
5 pm	00				
	15				
	30				
	45				
6 pm	00				
	15				
	30				
	45				
7 pm	00				
	15				
	30				
	45				
8 pm	00				
	15				
	30				
	45				

Time		M TU W TH F S SU Date :	M TU W TH F S SU Date :	M TU W TH F S SU Date :	M TU W TH F S SU Date :
7 am	00				
	15				
	30				
	45				
8 am	00				
	15				
	30				
	45				
9 am	00				
	15				
	30				
	45				
10 am	00				
	15				
	30				
	45				
11 am	00				
	15				
	30				
	45				
12 pm	00				
	15				
	30				
	45				
1 pm	00				
	15				
	30				
	45				
2 pm	00				
	15				
	30				
	45				
3 pm	00				
	15				
	30				
	45				
4 pm	00				
	15				
	30				
	45				
5 pm	00				
	15				
	30				
	45				
6 pm	00				
	15				
	30				
	45				
7 pm	00				
	15				
	30				
	45				
8 pm	00				
	15				
	30				
	45				

Time		Ⓜ ⓉⓊ Ⓦ ⓉⒽ Ⓕ Ⓢ ⓈⓊ Date :	Ⓜ ⓉⓊ Ⓦ ⓉⒽ Ⓕ Ⓢ ⓈⓊ Date :	Ⓜ ⓉⓊ Ⓦ ⓉⒽ Ⓕ Ⓢ ⓈⓊ Date :	Ⓜ ⓉⓊ Ⓦ ⓉⒽ Ⓕ Ⓢ ⓈⓊ Date : ....
7 am	00				
	15				
	30				
	45				
8 am	00				
	15				
	30				
	45				
9 am	00				
	15				
	30				
	45				
10 am	00				
	15				
	30				
	45				
11 am	00				
	15				
	30				
	45				
12 pm	00				
	15				
	30				
	45				
1 pm	00				
	15				
	30				
	45				
2 pm	00				
	15				
	30				
	45				
3 pm	00				
	15				
	30				
	45				
4 pm	00				
	15				
	30				
	45				
5 pm	00				
	15				
	30				
	45				
6 pm	00				
	15				
	30				
	45				
7 pm	00				
	15				
	30				
	45				
8 pm	00				
	15				
	30				
	45				

Time		Ⓜ ⓉⓊ Ⓦ ⓉⒽ Ⓕ Ⓢ ⓈⓊ Date :	Ⓜ ⓉⓊ Ⓦ ⓉⒽ Ⓕ Ⓢ ⓈⓊ Date :	Ⓜ ⓉⓊ Ⓦ ⓉⒽ Ⓕ Ⓢ ⓈⓊ Date :	Ⓜ ⓉⓊ Ⓦ ⓉⒽ Ⓕ Ⓢ ⓈⓊ Date : ....
7 am	00 15 30 45				
8 am	00 15 30 45				
9 am	00 15 30 45				
10 am	00 15 30 45				
11 am	00 15 30 45				
12 pm	00 15 30 45				
1 pm	00 15 30 45				
2 pm	00 15 30 45				
3 pm	00 15 30 45				
4 pm	00 15 30 45				
5 pm	00 15 30 45				
6 pm	00 15 30 45				
7 pm	00 15 30 45				
8 pm	00 15 30 45				

Time		(M) (TU) (W) (TH) (F) (S) (SU) Date :	(M) (TU) (W) (TH) (F) (S) (SU) Date :	(M) (TU) (W) (TH) (F) (S) (SU) Date :	(M) (TU) (W) (TH) (F) (S) (SU) Date : ....
7 am	00				
	15				
	30				
	45				
8 am	00				
	15				
	30				
	45				
9 am	00				
	15				
	30				
	45				
10 am	00				
	15				
	30				
	45				
11 am	00				
	15				
	30				
	45				
12 pm	00				
	15				
	30				
	45				
1 pm	00				
	15				
	30				
	45				
2 pm	00				
	15				
	30				
	45				
3 pm	00				
	15				
	30				
	45				
4 pm	00				
	15				
	30				
	45				
5 pm	00				
	15				
	30				
	45				
6 pm	00				
	15				
	30				
	45				
7 pm	00				
	15				
	30				
	45				
8 pm	00				
	15				
	30				
	45				

Time	(M) (TU) (W) (TH) (F) (S) (SU) Date :	(M) (TU) (W) (TH) (F) (S) (SU) Date :	(M) (TU) (W) (TH) (F) (S) (SU) Date :	(M) (TU) (W) (TH) (F) (S) (SU) Date :
7 am 00 15 30 45				
8 am 00 15 30 45				
9 am 00 15 30 45				
10 am 00 15 30 45				
11 am 00 15 30 45				
12 pm 00 15 30 45				
1 pm 00 15 30 45				
2 pm 00 15 30 45				
3 pm 00 15 30 45				
4 pm 00 15 30 45				
5 pm 00 15 30 45				
6 pm 00 15 30 45				
7 pm 00 15 30 45				
8 pm 00 15 30 45				

Time		M TU W TH F S SU Date :	M TU W TH F S SU Date :	M TU W TH F S SU Date :	M TU W TH F S SU Date : ....
7 am	00				
	15				
	30				
	45				
8 am	00				
	15				
	30				
	45				
9 am	00				
	15				
	30				
	45				
10 am	00				
	15				
	30				
	45				
11 am	00				
	15				
	30				
	45				
12 pm	00				
	15				
	30				
	45				
1 pm	00				
	15				
	30				
	45				
2 pm	00				
	15				
	30				
	45				
3 pm	00				
	15				
	30				
	45				
4 pm	00				
	15				
	30				
	45				
5 pm	00				
	15				
	30				
	45				
6 pm	00				
	15				
	30				
	45				
7 pm	00				
	15				
	30				
	45				
8 pm	00				
	15				
	30				
	45				

Time		(M)(TU)(W)(TH)(F)(S)(SU) Date :	(M)(TU)(W)(TH)(F)(S)(SU) Date :	(M)(TU)(W)(TH)(F)(S)(SU) Date :	(M)(TU)(W)(TH)(F)(S)(SU) Date : ....
7 am	00				
	15				
	30				
	45				
8 am	00				
	15				
	30				
	45				
9 am	00				
	15				
	30				
	45				
10 am	00				
	15				
	30				
	45				
11 am	00				
	15				
	30				
	45				
12 pm	00				
	15				
	30				
	45				
1 pm	00				
	15				
	30				
	45				
2 pm	00				
	15				
	30				
	45				
3 pm	00				
	15				
	30				
	45				
4 pm	00				
	15				
	30				
	45				
5 pm	00				
	15				
	30				
	45				
6 pm	00				
	15				
	30				
	45				
7 pm	00				
	15				
	30				
	45				
8 pm	00				
	15				
	30				
	45				

Time		(M)(TU)(W)(TH)(F)(S)(SU) Date :	(M)(TU)(W)(TH)(F)(S)(SU) Date :	(M)(TU)(W)(TH)(F)(S)(SU) Date :	(M)(TU)(W)(TH)(F)(S)(SU) Date :
7 am	00				
	15				
	30				
	45				
8 am	00				
	15				
	30				
	45				
9 am	00				
	15				
	30				
	45				
10 am	00				
	15				
	30				
	45				
11 am	00				
	15				
	30				
	45				
12 pm	00				
	15				
	30				
	45				
1 pm	00				
	15				
	30				
	45				
2 pm	00				
	15				
	30				
	45				
3 pm	00				
	15				
	30				
	45				
4 pm	00				
	15				
	30				
	45				
5 pm	00				
	15				
	30				
	45				
6 pm	00				
	15				
	30				
	45				
7 pm	00				
	15				
	30				
	45				
8 pm	00				
	15				
	30				
	45				

Time		Ⓜ ⓉⓊ Ⓦ ⓉⒽ Ⓕ Ⓢ ⓈⓊ Date :	Ⓜ ⓉⓊ Ⓦ ⓉⒽ Ⓕ Ⓢ ⓈⓊ Date :	Ⓜ ⓉⓊ Ⓦ ⓉⒽ Ⓕ Ⓢ ⓈⓊ Date :	Ⓜ ⓉⓊ Ⓦ ⓉⒽ Ⓕ Ⓢ ⓈⓊ Date :
7 am	00				
	15				
	30				
	45				
8 am	00				
	15				
	30				
	45				
9 am	00				
	15				
	30				
	45				
10 am	00				
	15				
	30				
	45				
11 am	00				
	15				
	30				
	45				
12 pm	00				
	15				
	30				
	45				
1 pm	00				
	15				
	30				
	45				
2 pm	00				
	15				
	30				
	45				
3 pm	00				
	15				
	30				
	45				
4 pm	00				
	15				
	30				
	45				
5 pm	00				
	15				
	30				
	45				
6 pm	00				
	15				
	30				
	45				
7 pm	00				
	15				
	30				
	45				
8 pm	00				
	15				
	30				
	45				

Time		M TU W TH F S SU Date :	M TU W TH F S SU Date :	M TU W TH F S SU Date :	M TU W TH F S SU Date : ....
7 am	00				
	15				
	30				
	45				
8 am	00				
	15				
	30				
	45				
9 am	00				
	15				
	30				
	45				
10 am	00				
	15				
	30				
	45				
11 am	00				
	15				
	30				
	45				
12 pm	00				
	15				
	30				
	45				
1 pm	00				
	15				
	30				
	45				
2 pm	00				
	15				
	30				
	45				
3 pm	00				
	15				
	30				
	45				
4 pm	00				
	15				
	30				
	45				
5 pm	00				
	15				
	30				
	45				
6 pm	00				
	15				
	30				
	45				
7 pm	00				
	15				
	30				
	45				
8 pm	00				
	15				
	30				
	45				

Time		Ⓜ ⓉⓊ Ⓦ ⓉⒽ Ⓕ Ⓢ ⓈⓊ Date :	Ⓜ ⓉⓊ Ⓦ ⓉⒽ Ⓕ Ⓢ ⓈⓊ Date :	Ⓜ ⓉⓊ Ⓦ ⓉⒽ Ⓕ Ⓢ ⓈⓊ Date :	Ⓜ ⓉⓊ Ⓦ ⓉⒽ Ⓕ Ⓢ ⓈⓊ Date : ....
7 am	00				
	15				
	30				
	45				
8 am	00				
	15				
	30				
	45				
9 am	00				
	15				
	30				
	45				
10 am	00				
	15				
	30				
	45				
11 am	00				
	15				
	30				
	45				
12 pm	00				
	15				
	30				
	45				
1 pm	00				
	15				
	30				
	45				
2 pm	00				
	15				
	30				
	45				
3 pm	00				
	15				
	30				
	45				
4 pm	00				
	15				
	30				
	45				
5 pm	00				
	15				
	30				
	45				
6 pm	00				
	15				
	30				
	45				
7 pm	00				
	15				
	30				
	45				
8 pm	00				
	15				
	30				
	45	Ⓜ ⓉⓊ Ⓦ ⓉⒽ Ⓕ Ⓢ ⓈⓊ	Ⓜ ⓉⓊ Ⓦ ⓉⒽ Ⓕ Ⓢ ⓈⓊ	Ⓜ ⓉⓊ Ⓦ ⓉⒽ Ⓕ Ⓢ ⓈⓊ	Ⓜ ⓉⓊ Ⓦ ⓉⒽ Ⓕ Ⓢ ⓈⓊ

Time		M TU W TH F S SU Date :	M TU W TH F S SU Date :	M TU W TH F S SU Date :	M TU W TH F S SU Date : ....
7 am	00				
	15				
	30				
	45				
8 am	00				
	15				
	30				
	45				
9 am	00				
	15				
	30				
	45				
10 am	00				
	15				
	30				
	45				
11 am	00				
	15				
	30				
	45				
12 pm	00				
	15				
	30				
	45				
1 pm	00				
	15				
	30				
	45				
2 pm	00				
	15				
	30				
	45				
3 pm	00				
	15				
	30				
	45				
4 pm	00				
	15				
	30				
	45				
5 pm	00				
	15				
	30				
	45				
6 pm	00				
	15				
	30				
	45				
7 pm	00				
	15				
	30				
	45				
8 pm	00				
	15				
	30				
	45				

Time		M TU W TH F S SU Date :	M TU W TH F S SU Date :	M TU W TH F S SU Date :	M TU W TH F S SU Date : ....
7 am	00				
	15				
	30				
	45				
8 am	00				
	15				
	30				
	45				
9 am	00				
	15				
	30				
	45				
10 am	00				
	15				
	30				
	45				
11 am	00				
	15				
	30				
	45				
12 pm	00				
	15				
	30				
	45				
1 pm	00				
	15				
	30				
	45				
2 pm	00				
	15				
	30				
	45				
3 pm	00				
	15				
	30				
	45				
4 pm	00				
	15				
	30				
	45				
5 pm	00				
	15				
	30				
	45				
6 pm	00				
	15				
	30				
	45				
7 pm	00				
	15				
	30				
	45				
8 pm	00				
	15				
	30				
	45				

Time		M TU W TH F S SU Date :	M TU W TH F S SU Date :	M TU W TH F S SU Date :	M TU W TH F S SU Date : ....
7 am	00				
	15				
	30				
	45				
8 am	00				
	15				
	30				
	45				
9 am	00				
	15				
	30				
	45				
10 am	00				
	15				
	30				
	45				
11 am	00				
	15				
	30				
	45				
12 pm	00				
	15				
	30				
	45				
1 pm	00				
	15				
	30				
	45				
2 pm	00				
	15				
	30				
	45				
3 pm	00				
	15				
	30				
	45				
4 pm	00				
	15				
	30				
	45				
5 pm	00				
	15				
	30				
	45				
6 pm	00				
	15				
	30				
	45				
7 pm	00				
	15				
	30				
	45				
8 pm	00				
	15				
	30				
	45				

Time		Ⓜ TU Ⓦ TH Ⓕ Ⓢ SU Date :	Ⓜ TU Ⓦ TH Ⓕ Ⓢ SU Date :	Ⓜ TU Ⓦ TH Ⓕ Ⓢ SU Date :	Ⓜ TU Ⓦ TH Ⓕ Ⓢ SU Date : ....
7 am	00				
	15				
	30				
	45				
8 am	00				
	15				
	30				
	45				
9 am	00				
	15				
	30				
	45				
10 am	00				
	15				
	30				
	45				
11 am	00				
	15				
	30				
	45				
12 pm	00				
	15				
	30				
	45				
1 pm	00				
	15				
	30				
	45				
2 pm	00				
	15				
	30				
	45				
3 pm	00				
	15				
	30				
	45				
4 pm	00				
	15				
	30				
	45				
5 pm	00				
	15				
	30				
	45				
6 pm	00				
	15				
	30				
	45				
7 pm	00				
	15				
	30				
	45				
8 pm	00				
	15				
	30				
	45				

Time		M TU W TH F S SU Date :	M TU W TH F S SU Date :	M TU W TH F S SU Date :	M TU W TH F S SU Date : ....
7 am	00				
	15				
	30				
	45				
8 am	00				
	15				
	30				
	45				
9 am	00				
	15				
	30				
	45				
10 am	00				
	15				
	30				
	45				
11 am	00				
	15				
	30				
	45				
12 pm	00				
	15				
	30				
	45				
1 pm	00				
	15				
	30				
	45				
2 pm	00				
	15				
	30				
	45				
3 pm	00				
	15				
	30				
	45				
4 pm	00				
	15				
	30				
	45				
5 pm	00				
	15				
	30				
	45				
6 pm	00				
	15				
	30				
	45				
7 pm	00				
	15				
	30				
	45				
8 pm	00				
	15				
	30				
	45				

Time		M TU W TH F S SU Date :	M TU W TH F S SU Date :	M TU W TH F S SU Date :	M TU W TH F S SU Date :
7 am	00				
	15				
	30				
	45				
8 am	00				
	15				
	30				
	45				
9 am	00				
	15				
	30				
	45				
10 am	00				
	15				
	30				
	45				
11 am	00				
	15				
	30				
	45				
12 pm	00				
	15				
	30				
	45				
1 pm	00				
	15				
	30				
	45				
2 pm	00				
	15				
	30				
	45				
3 pm	00				
	15				
	30				
	45				
4 pm	00				
	15				
	30				
	45				
5 pm	00				
	15				
	30				
	45				
6 pm	00				
	15				
	30				
	45				
7 pm	00				
	15				
	30				
	45				
8 pm	00				
	15				
	30				
	45				

Time		(M) (TU) (W) (TH) (F) (S) (SU) Date :	(M) (TU) (W) (TH) (F) (S) (SU) Date :	(M) (TU) (W) (TH) (F) (S) (SU) Date :	(M) (TU) (W) (TH) (F) (S) (SU) Date : ....
7 am	00				
	15				
	30				
	45				
8 am	00				
	15				
	30				
	45				
9 am	00				
	15				
	30				
	45				
10 am	00				
	15				
	30				
	45				
11 am	00				
	15				
	30				
	45				
12 pm	00				
	15				
	30				
	45				
1 pm	00				
	15				
	30				
	45				
2 pm	00				
	15				
	30				
	45				
3 pm	00				
	15				
	30				
	45				
4 pm	00				
	15				
	30				
	45				
5 pm	00				
	15				
	30				
	45				
6 pm	00				
	15				
	30				
	45				
7 pm	00				
	15				
	30				
	45				
8 pm	00				
	15				
	30				
	45				

Time		M TU W TH F S SU Date :	M TU W TH F S SU Date :	M TU W TH F S SU Date :	M TU W TH F S SU Date : ....
7 am	00				
	15				
	30				
	45				
8 am	00				
	15				
	30				
	45				
9 am	00				
	15				
	30				
	45				
10 am	00				
	15				
	30				
	45				
11 am	00				
	15				
	30				
	45				
12 pm	00				
	15				
	30				
	45				
1 pm	00				
	15				
	30				
	45				
2 pm	00				
	15				
	30				
	45				
3 pm	00				
	15				
	30				
	45				
4 pm	00				
	15				
	30				
	45				
5 pm	00				
	15				
	30				
	45				
6 pm	00				
	15				
	30				
	45				
7 pm	00				
	15				
	30				
	45				
8 pm	00				
	15				
	30				
	45				

Time		M TU W TH F S SU Date :	M TU W TH F S SU Date :	M TU W TH F S SU Date :	M TU W TH F S SU Date : ....
7 am	00				
	15				
	30				
	45				
8 am	00				
	15				
	30				
	45				
9 am	00				
	15				
	30				
	45				
10 am	00				
	15				
	30				
	45				
11 am	00				
	15				
	30				
	45				
12 pm	00				
	15				
	30				
	45				
1 pm	00				
	15				
	30				
	45				
2 pm	00				
	15				
	30				
	45				
3 pm	00				
	15				
	30				
	45				
4 pm	00				
	15				
	30				
	45				
5 pm	00				
	15				
	30				
	45				
6 pm	00				
	15				
	30				
	45				
7 pm	00				
	15				
	30				
	45				
8 pm	00				
	15				
	30				
	45				

Time		(M) (TU) (W) (TH) (F) (S) (SU) Date :	(M) (TU) (W) (TH) (F) (S) (SU) Date :	(M) (TU) (W) (TH) (F) (S) (SU) Date :	(M) (TU) (W) (TH) (F) (S) (SU) Date : ....
7 am	00				
	15				
	30				
	45				
8 am	00				
	15				
	30				
	45				
9 am	00				
	15				
	30				
	45				
10 am	00				
	15				
	30				
	45				
11 am	00				
	15				
	30				
	45				
12 pm	00				
	15				
	30				
	45				
1 pm	00				
	15				
	30				
	45				
2 pm	00				
	15				
	30				
	45				
3 pm	00				
	15				
	30				
	45				
4 pm	00				
	15				
	30				
	45				
5 pm	00				
	15				
	30				
	45				
6 pm	00				
	15				
	30				
	45				
7 pm	00				
	15				
	30				
	45				
8 pm	00				
	15				
	30				
	45				

Time		M TU W TH F S SU Date :	M TU W TH F S SU Date :	M TU W TH F S SU Date :	M TU W TH F S SU Date : ....
7 am	00				
	15				
	30				
	45				
8 am	00				
	15				
	30				
	45				
9 am	00				
	15				
	30				
	45				
10 am	00				
	15				
	30				
	45				
11 am	00				
	15				
	30				
	45				
12 pm	00				
	15				
	30				
	45				
1 pm	00				
	15				
	30				
	45				
2 pm	00				
	15				
	30				
	45				
3 pm	00				
	15				
	30				
	45				
4 pm	00				
	15				
	30				
	45				
5 pm	00				
	15				
	30				
	45				
6 pm	00				
	15				
	30				
	45				
7 pm	00				
	15				
	30				
	45				
8 pm	00				
	15				
	30				
	45				

Time		ⓂTUⓌTHⒻSⓈU Date :	ⓂTUⓌTHⒻSⓈU Date :	ⓂTUⓌTHⒻSⓈU Date :	ⓂTUⓌTHⒻSⓈU Date : ....
7 am	00				
	15				
	30				
	45				
8 am	00				
	15				
	30				
	45				
9 am	00				
	15				
	30				
	45				
10 am	00				
	15				
	30				
	45				
11 am	00				
	15				
	30				
	45				
12 pm	00				
	15				
	30				
	45				
1 pm	00				
	15				
	30				
	45				
2 pm	00				
	15				
	30				
	45				
3 pm	00				
	15				
	30				
	45				
4 pm	00				
	15				
	30				
	45				
5 pm	00				
	15				
	30				
	45				
6 pm	00				
	15				
	30				
	45				
7 pm	00				
	15				
	30				
	45				
8 pm	00				
	15				
	30				
	45	ⓂTUⓌTHⒻSⓈU	ⓂTUⓌTHⒻSⓈU	ⓂTUⓌTHⒻSⓈU	ⓂTUⓌTHⒻSⓈU

Time		Ⓜ ⓉⓊ Ⓦ ⓉⒽ Ⓕ Ⓢ ⓈⓊ Date :	Ⓜ ⓉⓊ Ⓦ ⓉⒽ Ⓕ Ⓢ ⓈⓊ Date :	Ⓜ ⓉⓊ Ⓦ ⓉⒽ Ⓕ Ⓢ ⓈⓊ Date :	Ⓜ ⓉⓊ Ⓦ ⓉⒽ Ⓕ Ⓢ ⓈⓊ Date : ....
7 am	00				
	15				
	30				
	45				
8 am	00				
	15				
	30				
	45				
9 am	00				
	15				
	30				
	45				
10 am	00				
	15				
	30				
	45				
11 am	00				
	15				
	30				
	45				
12 pm	00				
	15				
	30				
	45				
1 pm	00				
	15				
	30				
	45				
2 pm	00				
	15				
	30				
	45				
3 pm	00				
	15				
	30				
	45				
4 pm	00				
	15				
	30				
	45				
5 pm	00				
	15				
	30				
	45				
6 pm	00				
	15				
	30				
	45				
7 pm	00				
	15				
	30				
	45				
8 pm	00				
	15				
	30				
	45				

Time		(M)(TU)(W)(TH)(F)(S)(SU) Date :	(M)(TU)(W)(TH)(F)(S)(SU) Date :	(M)(TU)(W)(TH)(F)(S)(SU) Date :	(M)(TU)(W)(TH)(F)(S)(SU) Date : ....
7 am	00				
	15				
	30				
	45				
8 am	00				
	15				
	30				
	45				
9 am	00				
	15				
	30				
	45				
10 am	00				
	15				
	30				
	45				
11 am	00				
	15				
	30				
	45				
12 pm	00				
	15				
	30				
	45				
1 pm	00				
	15				
	30				
	45				
2 pm	00				
	15				
	30				
	45				
3 pm	00				
	15				
	30				
	45				
4 pm	00				
	15				
	30				
	45				
5 pm	00				
	15				
	30				
	45				
6 pm	00				
	15				
	30				
	45				
7 pm	00				
	15				
	30				
	45				
8 pm	00				
	15				
	30				
	45				

Printed in Great Britain
by Amazon